Feliz por dentro

Escrito por Marisa J. Taylor
Ilustraciones de Vanessa Balleza

Versión
Español

Me encanta el color de mi piel, soy única y bonita tanto por dentro como por fuera.

Estoy orgullosa de quien soy y de lo que puedo llegar a hacer.

Ser yo misma me hace feliz.

Me encanta cantar, bailar y jugar con mis amigos,
pero es ser como soy lo que me hace más feliz.

¿Y a ti qué te hace feliz?

A algunos de mis amigos les gusta hacer mucho ruido con los juguetes, y eso está bien porque les parece divertido.

A algunos de mis amigos les encanta cantar, bailar y hablar cada segundo. Eso también está bien, porque cada uno es diferente y especial en este mundo.

Hago todo lo posible para ser la mejor versión de mí misma.

No me comparo con los otros niños que veo.
Estoy orgullosa de quien soy y me siento libre de ser yo misma.

Algunos niños dirán cosas sobre ti y te harán sentir triste.

No les prestes atención a sus palabras y continúa estando alegre.

Animémonos y apoyémonos unos a otros para ser lo mejor que podamos ser.

Cada uno es único a su manera.

Sé feliz contigo mismo y con lo que tienes a tu alrededor.

No importa de qué parte del mundo seas ni el color de tu piel. Sé tu mismo y haz lo que te haga feliz.

Cuando sientas mariposas en el estómago y te den ganas de sonreír, disfruta de lo que estés haciendo e intenta hacerlo más seguido.

Algo que recordar para sentirte feliz...

Mírate en el espejo y repite: "Soy lo mejor que puedo ser y adoro mi cuerpo y el color de mi piel".

Si crees en ti y te quieres, puedes lograr cualquier cosa en la vida y ser feliz.

Ser yo mismo(a) me hace sentir...

···

¿Y a ti qué te hace feliz?

DEDICATORIA

Este libro está dedicado a todos los niños y niñas del mundo. Lo escribí especialmente para ti, para que te recuerde lo increíble que eres. Nunca dejes de creer en ti, porque esa es la clave de la felicidad.

Quiero agradecer especialmente a mi hija Havana y a mi esposo, Andre, por haberme inspirado a escribir este libro. Gracias a Naliya por haberme transmitido toda la energía positiva que me permitió acabar este libro mientras todavía la llevaba en la barriga. Un agradecimiento muy especial a mi esposo, por todo el apoyo que me ha brindado. Eres lo mejor que me ha pasado. Te amo mucho más de lo que se puede decir con palabras.

Por último (pero no por eso menos importante), muchas gracias a Vanessa por entender mi visión y darle vida a través de sus hermosas ilustraciones.
¡Muchísimas gracias!

' Nuestros libros bilingües '

LINGO BABIES

Happy Within
Feliz por dentro
By Marisa J. Taylor
Illustrated by Vanessa Balleza

Happy Within
Heureuse comme je suis
By Marisa J. Taylor
Illustrated by Vanessa Balleza

BILINGUAL
English - French

Feliz por dentro
Copyright © Lingo Babies, 2020

Escrito por Marisa J. Taylor
Ilustraciones: Vanessa Balleza

ISBN: 978-1-914605-13-0

Diseño gráfico: Clementina Cortés
Traducción al español: Elena Sosa
Edición: Evelyn H. Montes

Todos los derechos reservados. Queda prohibida la reproducción o el uso de este libro de cualquier forma sin la autorización previa por escrito de la titular de los derechos de autor.

www.ingramcontent.com/pod-product-compliance
Lightning Source LLC
Chambersburg PA
CBHW041217240426
43661CB00012B/1069